AF278578

# DES
# JOURNAUX
## ET
## DES THÉATRES.

PARIS,

*Imprimerie de David,*

BOULEVART POISSONNIÈRE, N° 6.

1828.

L'auteur de cette petite brochure n'a prétendu faire ni une spéculation, ni de l'opposition ; il a tout naïvement voulu déposer le denier de la veuve dans le trésor public.

Si ses idées sont bonnes, qu'on s'en empare sans s'inquiéter d'où elles viennent ; si elles sont fausses, qu'on ne s'inquiète pas davantage du fou qui les a mises sur le papier.

IMPRIMERIE DE DAVID,
BOULEVART POISSONNIÈRE, N° 6.

# DES JOURNAUX

## ET

## DES THÉATRES.

### DES JOURNAUX EN GÉNÉRAL.

Faut-il, ou ne faut-il pas de journaux ?

Voilà toute la question ; mais comme on n'a point osé la poser clairement, parce qu'apparemment on n'aurait point osé y répondre, on a l'air de se demander à quelles conditions on peut laisser les journaux libres ; et le public s'imagine, voyant cette marche incertaine, que l'on s'arrange tout doucement pour que les conditions soient tellement dures, que l'existence des journaux devienne au moins problématique.

On a souvent fait aux journaux l'honneur de les craindre. Il fallait avoir de la peur de reste, ou il fallait vouloir en inspirer aux autres. Les journaux ne sont rien : c'est l'opinion qu'ils représentent, ou plutôt qu'ils reflètent, qui est quelque chose.

Veut-on à la fois des exemples de la puissance de l'opinion et de la faiblesse des journaux ? Les feuilles publiques ont rallié en dix jours toute la France contre M. de Villèle, et elles n'ont pu en six semaines faire nommer députés plusieurs de leurs rédacteurs. Pourquoi cette différence ? C'est qu'en attaquant M. de Villèle, les journaux exprimaient un sentiment commun à tout le pays, et qu'en prônant leurs amis ils n'exprimaient qu'un sentiment particulier. Les journaux ne font pas l'opinion, ils la trouvent toute faite ; leur prérogative est de donner plus ou moins exactement des bulletins de sa santé ; leur talent est d'exprimer ce qu'elle veut, et leur influence dépend entièrement de ce talent.

On s'est généralement trompé sur le ministère nouveau. Les uns l'ont jugé détestable, les autres l'ont reçu comme excellent, et tous à-peu-près pour les mêmes motifs. Il y a eu beaucoup de désappointemens dans tous les vœux. Cela ne pouvait être autrement. En arrivant au pouvoir, le ministère s'est d'abord inquiété de son existence ; c'était tout naturel. L'homme est toujours l'homme, de quelque déguisement qu'on le recouvre. Mais ce qui distingue les bons des mauvais ministres, c'est que les premiers veulent en même-temps le bien public et le bien particulier, et que les seconds prennent tout juste la moitié moins de soucis.

Nous ne sommes plus assez jeunes pour croire aux ministres qui s'oublient, et nous sommes trop vieux pour ne pas croire aux ministres qui ne pensent qu'à eux seuls.

L'étendue de l'égoïsme d'un ministre nous donne en général sa portée d'homme d'état.

Il vient d'être dit que le premier soin du ministère avait dû être de se consolider. Or, le meilleur moyen pour arriver à ce but, était de convaincre le pays qu'on voulait rentrer dans la charte, dont la chute de M. de Villèle révélait la puissance. Deux projets de lois, l'un sur les élections, l'autre sur la liberté de la presse, ces deux pivots du gouvernement représentatif, devaient prévenir favorablement les esprits. Le principal concédé, restaient les détails qu'une habileté mal entendue devait offrir comme contre-poids, et qu'une indulgence coupable pouvait faire passer, comme ces articles qui se glissent inaperçus sur la quantité ou par dessus le marché.

Le plupart des hommes politiques ont une pudeur de bonne composition; mais il faut des formes, et ils ressemblent aux femmes qui ne s'offensent d'un mot indécent que lorsqu'il est trop cru.

Déclarer la presse libre par une loi, et tuer les journaux par des dispositions règlementaires, eût été une belle combinaison avec la chambre de M. de Villèle; mais avec la nouvelle.... en conscience, on ne pouvait espérer de lui faire jouer le rôle de Gribouille, qui se met dans l'eau de peur d'être mouillé.

La force, ainsi que le répétait Napoléon, est la vérité mise à nu. Or, quand on est fort, il faut être franc; car sans franchise personne ne vous croit fort, et alors, je vous le demande, à quoi sert cet avantage ?

Voici, du reste, ce qu'on a gagné à faire de la presse un monopole, et des journaux un privilège :

On a réuni en faisceau toutes les opinions, et on les a rendues hostiles.

On a eu des journaux ministériels avec 800 abonnés, et des journaux d'opposition avec 15 et 20,000.

On a fait une puissance du journalisme.

On a dénaturé l'institution des journaux. On en a fait une exploitation au lieu d'un état.

On s'est enfin trompé sur tout, même sur les coups d'état.

Puis on est arrivé au néant par l'agonie de la censure.

C'était bien la peine d'avoir pour soi le budget, la légitimité du prince et la sagesse du peuple.

## DU TIMBRE ET DES FRAIS DE POSTE.

Les frais de poste sont de toute justice. Si la poste n'était pas un monopole, les journaux auraient à payer à un particulier ce qu'ils paient au gouvernement. La quotité des frais de poste est donc la seule question, et cette question est de peu d'importance. Celle du Timbre est beaucoup plus grave.

Aux États-Unis, les journaux qui n'ont pas besoin d'autorisation pour paraître (1), ne sont point

---

(1) Ils n'en ont pas besoin non plus en Angleterre.

soumis au timbre. Ce qui est bon pour un peuple neuf peut ne pas convenir à une vieille nation. Ce n'est pas qu'on doive croire que l'abolition du timbre en France puisse présenter quelque danger; loin de là; mais comme l'impôt du timbre n'atteint que ceux qui espèrent gagner en le payant, il n'y a pas grand'chose à dire contre lui par nous autres Français surtout, qui avons besoin de beaucoup d'argent pour racheter notre surabondance de civilisation.

Toutefois, comme le timbre est un impôt mis sur la pensée, il est juste qu'il tourne au profit des œuvres de l'imagination.

En conséquence, il paraîtrait sage que le produit de l'impôt du timbre fût versé dans les caisses de la maison du Roi, pour être employé au nom du Roi, en secours, récompenses et encouragemens envers les savans, les gens de lettres et les artistes.

Les théâtres royaux devraient aussi profiter de cet impôt. Les théâtres des départemens qui sont tombés dans un état de dégradation effrayant, seraient secourus par le produit de l'impôt du timbre mis sur les journaux de leurs départemens respectifs.

Qu'on ne dédaigne pas cette idée de faire beaucoup pour les théâtres; elle est plus politique peut-être qu'on ne pourrait le croire. On essaiera plus tard de le prouver.

## DU CAUTIONNEMENT.

Le cautionnement des journaux, qu'on a cru une belle invention, ne sert absolument qu'à consolider la fortune des journaux établis et à diminuer la recette du timbre (1). Le cautionnement est, après l'autorisation, la principale épine qui a rendu le dernier ministère boiteux, puis cul-de-jatte.

Aux États-Unis, où il n'est besoin ni d'autorisation, ni de cautionnement pour publier une feuille politique, le nombre des journaux est immense, ce qui est un bien ; et, ce qui en est un autre, le journal le plus répandu n'a pas plus de 1200 abonnés.

Il y a donc un grand intérêt pour le pouvoir à rendre les journaux entièrement libres. Avec la liberté, il y a concurrence ; avec la concurrence, il y a division dans le succès et classement d'opinions.

Ainsi, un ministère qui aura l'adresse et la probité de rentrer dans la charte, sera délivré avant peu de ces immenses influences qui pouvaient entraver sa marche. D'un autre côté, il saura par-

(1) *Rien de plus facile à concevoir : si les journaux pouvaient paraître sans autorisation ni cautionnement, il y aurait beaucoup plus de journaux et par conséquent beaucoup plus de feuilles timbrées. Les essais infructueux même tourneraient au profit de l'impôt. D'un autre côté, plus il est difficile d'établir un nouveau journal, plus les journaux établis gagnent en fortune et en influence.*

faitement à quoi s'en tenir sur l'état du pays ; chaque opinion, il faut dire plus, chaque nuance d'opinion se trouvant représentée.

Avec le système contraire, toutes les opinions ne pouvant se faire jour, se ralliaient dans un centre hostile. C'est ainsi que les bonapartistes, les républicains, les mécontens et les amis de la monarchie représentative se sont vus forcés, en dépit de leurs penchans, de former des alliances qui ne tarderont pas à être rompues, aussitôt que chacun obtiendra de la loi la permission de ne plus être hypocrite.

Les journaux étant dégagés de leurs entraves, l'on verra comme par enchantement et au bout de quelques mois les esprits se calmer en se classant. Les systématiques oppositions, les méfiances, les haines elles-mêmes disparaîtront peu à peu. L'ordre et la stabilité sont de si bonnes choses que chacun voudra en faire son profit.

Il vient d'être parlé de républicains, de bonapartistes. On ne manquera pas d'avancer qu'en donnant une entière liberté aux organes de ces opinions, ce sera vouloir ramener des troubles et des discordes. L'objection est spécieuse, mais si l'on a le courage de ne pas l'accueillir, on se convaincra bientôt : d'abord, que les opinions républicaines et bonapartistes, déjà bien affaiblies, étant ennemies nées, se livreront bataille au profit de la monarchie représentative, et qu'ensuite, ces opinions, vivant sous le régime de la Charte et sous

le sceptre des Bourbons, leur devant obéissance
et fidélité de droit, les leur rendant de fait, ne
pouvant donc franchement combattre que sous
les couleurs de la trahison et de l'ingratitude, dra-
peaux anti français, ces opinions, disons-nous,
faibliront et finiront par se fondre dans le vœu
général du pays, qui sera incontestablement pour
les princes et les lois qui le rendront heureux et
puissant.

Admirable gouvernement que le nôtre, qui, se
prêtant également au fanatisme de la fidélité comme
à celui du patriotisme, sert encore merveilleu-
sement les calculs de l'intérêt particulier, et fait
de ce dernier sentiment un égoïsme sublime sur
lequel est fondé la gloire et la puissance du pays.

## DES PEINES, AMENDES, SUPPRESSIONS, ET .

Partout où le libre arbitre existe, il faut s'attendre au mal comme au bien. Il est donc juste
de prendre, contre les journaux devenus libres,
les précautions que la société est en droit d'exiger.

Et d'abord, il paraîtrait sage d'abolir les peines
corporelles, la prison. La société et le pouvoir
n'ont aucun intérêt à les voir infliger. Ils ont au
contraire intérêt à ce que tels et tels n'acquièrent
pas, par les persécutions, une célébrité dange-
reuse. Il peut y avoir, pour certains esprits, de la
gloire à être condamné, pour délit de la presse,

à un mois, six mois, un an, plus ou moins, de prison; il y a punition pour tout le monde à payer une amende. Les amendes sont donc les peines qui atteignent le mieux le but.

Mais, dira-t-on, si l'on supprime le cautionnement, qui répondra du paiement des amendes? Il ne faut pas s'inquiéter pour si peu de chose. Si les amendes ne sont pas payées dans le délai prévu par la loi, les journaux seront supprimés. La société et le gouvernement ont un bien plus grand intérêt à ce qu'un journal dangereux soit supprimé faute de pouvoir payer l'amende à laquelle il aura été condamné, qu'à ce que cette amende, quelque considérable qu'elle puisse être, soit payée, et permette par là au journal de demeurer dangereux.

La société et le pouvoir ne demandent pas d'argent; ils veulent la paix et l'union.

Mais si le cautionnement est aboli, si rien ne répond du paiement des amendes, qui empêchera un journal supprimé de reparaître avec impunité?

Ce qui l'en empêchera? ce sera la loi qui ordonnera que tout nouveau journal ne pourra paraître qu'au préalable ses propriétaires, directeurs ou rédacteurs en chef n'aient fait, trois fois dans un mois, leur déclaration à l'autorité et au public. Cette déclaration devra être déposée au parquet du Procureur du Roi, au ministère de l'intérieur, à celui de la Maison du Roi, consignée dans trois journaux au moins, et renouvelée trois fois à dix jours de distance. Les propriétaires, directeurs ou rédacteurs en chef du journal voulant paraître, joindront à leur déclaration et sous leur responsabilité et serment, les noms des collaborateurs de la nouvelle feuille.

S'il se trouve parmi les noms de ces collaborateurs celui de l'auteur d'un article qui précédemment aura fait encourir à un journal la peine de la suppression, le nouveau journal ne pourra paraître.

Enfin, comme le pouvoir est toujours ombrageux, et que souvent il a de bons motifs pour être ou paraître tel, la loi prendra, à son avantage, une mesure qui convient d'ailleurs à la loyauté et à la franchise du caractère français. Il sera donc ordonné que sur chacun des exemplaires déposés au parquet, au Ministère de l'Intérieur et à celui de la Maison du Roi, les noms des rédacteurs soient mis en marge des articles, et cela de la main et sous la responsabilité des propriétaires, directeurs ou rédacteurs en chef du journal.

Cette mesure, qui du reste s'exécute sur une épreuve particulière pour l'ordre et la comptabilité de chaque journal, aurait tout l'effet désirable et atteindrait parfaitement le but indiqué précédemment.

La loi ordonnerait encore que tout nouveau journal, avant de paraître, verserait une somme de trois mille francs dans les caisses de la Maison du Roi, laquelle somme demeurerait irrévocablement acquise au profit des théâtres royaux, des hommes de lettres et des artistes.

Ainsi serait atteint et noblement remplacé le but du cautionnement.

De cette manière l'on n'aurait point à craindre qu'un journal supprimé pût reparaître sous un autre titre et avec les mêmes rédacteurs. D'ailleurs, tout journal supprimé qui reste un mois sans reparaître est un journal mort. L'impossibilité de faire reparaître un journal ayant pour rédacteurs des hommes, qui déjà en auraient fait supprimer un, serait en outre une suffisante protection pour la société, et même une mesure excellente qui défendrait l'intérêt particulier contre ses propres erreurs.

Il ne resterait plus maintenant à combattre que la fable des éditeurs responsables qui pourrait se renouveler dans la personne des directeurs ou rédacteurs en chef. Pour éviter cette fraude, il est un moyen bien simple : que la loi autorise à mettre en cause les propriétaires, directeurs ou rédacteurs en chef, désignés par la notoriété publique. Ceux-là seuls, en dépit de tous les traités, sont les seuls éditeurs responsables.

## DES JOURNAUX MINISTÉRIELS

### ET DES MOYENS DE DÉFENSE DU GOUVERNEMENT.

A tort ou à raison le public croit qu'un journal ministériel est rédigé contre l'intérêt de tous au profit de quelques-uns.

Les journaux ministériels à peu d'exceptions près, ont toujours été le refuge d'une foule d'écrivains faméliques qui n'ont jamais convaincu le public que de deux choses, savoir : la petitesse des maîtres et la turpitude des esclaves.

Pour ces différens motifs et pour d'autres, les journaux ministériels sont des chancres que tout ministère habile se hâtera d'extirper.

Au lieu de ces trompettes fêlées qui ne rendent aucun son, que ne s'adresse-t-on franchement, chaque fois qu'on le croira nécessaire, à toutes les opinions. La loi en donnera les moyens, et cela en échange des libertés qui auront été noblement accordées aux autres. Que la loi ordonne donc que toutes les fois que le gouvernement voudra avancer ou réfuter une doctrine, poser ou rétablir des faits, proclamer des lois ou des ordonnances, etc., les journaux seront tenus le jour même d'en insérer gratuitement le contenu, sans y ajouter ce jour-là, ni notes ni remarques. Il sera juste néanmoins que ces insertions officielles ne forment pas plus du tiers des matières du journal.

Un ministère sage usant librement de cette faculté, ne doit pas tarder à conquérir toutes les opinions.

## DES JOURNAUX LITTÉRAIRES.

En assujétissant au timbre les journaux littéraires, la loi qu'il s'agit de remplacer avait beau leur défendre de faire de la politique directement ou par allusion, il était impossible qu'elle fut obéie. Il y avait de l'injustice à frapper des journaux qui ne devaient vivre que de littérature et de théâtre, des mêmes impôts que les journaux qui traitant de matières politiques, joignaient quand bon leur semblait, à cette mine riche et féconde, la littérature et les arts.

Puisque l'on faisait de l'arbitraire, il fallait en interdisant la politique aux petits journaux, interdire la littérature aux grands; de cette manière on aurait créé des spécialités, peu d'accord peut-être avec l'esprit de la Charte, mais elles eussent été beaucoup moins injustes que les exceptions et les priviléges.

En soumettant les journaux littéraires au timbre, on n'a fait que les rendre moins littéraires; en leur interdisant, sous prétexte de politique, les hautes question de philosophie, d'histoire et de mœurs, on les a forcés à avoir recours aux futilités, aux personnalités, au scandale enfin. Malgré les torts plus ou moins nombreux des journaux littéraires à cet égard, on leur doit encore plus de remercîmens que de reproches, car ils ont rendu de véritables services en perçant, avec l'arme du ridicule, des ennemis que l'épée de la justice avait trouvés invulnérables.

Si l'on fait une part large et politique aux journaux littéraires, c'est-à-dire, si, en les délivrant du timbre, on leur permet de parler de tout

(les nouvelles politiques et les débats des cham-
bres exceptés) (1), on les rendra à leur véritable
destination, et l'on éteindra cette guerre d'épi-
grammes dont le scandale fut peut-être le seul
danger.

Pouvant vivre honorablement avec la juste part
de liberté qui leur aura été accordée, les journaux littéraires ne chercheront point à sortir du
cadre heureux dans lequel ils se trouveront placés.
Ils s'occuperont davantage et mieux des points de
leur compétence, et finiront enfin par ne rendre
que des services, en réveillant parmi nous ce goût
des arts et des lettres que la révolution a presque
éteint.

Cependant, comme il est juste d'exiger quelques garanties, même contre le débordement des
mauvaises doctrines littéraires, et que, d'un autre
côté, les journaux qui vivent de la littérature
et des théâtres, doivent rendre aux théâtres et à
la littérature une petite partie de ce qu'ils reçoi-
vent, la loi pourrait remplacer l'impôt du timbre
par les dispositions suivantes :

Tout journal littéraire versera chacune des premières années de son existence, la somme de
3,000 fr. dans les caisses de la Maison du Roi.

---

(1) *En Angleterre, les journaux littéraires ne sont point soumis au
timbre. Les Anglais classent dans la cathégorie des feuilles littéraires
tout journal qui ne donne point les nouvelles politiques et qui ne rend
pas compte des débats du Parlement.*

Cette somme sera payable par douzième et toujours un douzième d'avance.

Tout journal qui aura atteint deux années
d'existence, paiera une redevance de 6000 fr. par
année.

Les deux redevances de 3000 et 6000 fr. seront
de moitié ou du tiers pour les journaux littéraires
des départemens.

Ces redevances auront le mérite de relever les
journaux littéraires dans l'opinion des gens de
lettres et des artistes. Le droit de critique alors
sera bien acquis et les blessures de l'amour-propre
seront souvent cicatrisées par le baume de l'intérêt, car ces redevances devront être employées
autant dans l'intérêt des artistes et des hommes
de lettres malheureux ou méritans, que dans celui
des théâtres royaux.

Enfin, ces redevances de 3,000 fr. et de 6,000
francs, très-douces pour les journaux qui auront quelque mérite, et par conséquent des abonnés, seront mortelles pour ces feuilles obscures
qui ne vivent que d'aumônes bassement arra-
chées.


Tout ne vient pas d'être dit sur les journaux ;
il s'en faut : mais c'est peut-être un bien, car,
lorsqu'on veut trop approfondir ces matières, on
s'égare souvent. Ce qui est clair, c'est que la liberté de la presse est un droit et un besoin. C'est

un droit pour la nation, et un besoin pour le prince encore plus que pour ses sujets.

Si la nouvelle loi ne consacre pas ces vérités, elle mourra avant qu'il soit long-temps, car les lois contre nature ne peuvent vivre. En un mot, la question n'est pas de savoir s'il faut ou non rendre la presse libre, mais si ce sera la chambre de 1828 ou celle de 1829, le ministère présent ou le ministère futur, qui auront l'honneur de mettre en pratique les principes conservateurs de la Charte.

## DES THÉÂTRES.

Réunir les journaux et les théâtres dans un même projet, dans un même but, pourra paraître sans doute, à la première vue, une idée plus originale qu'utile; il y a cependant des choses qui semblent beaucoup plus homogènes, et qui ont des rapports moins directs.

C'est précisément parce que la Charte veut que la presse soit libre, et que l'intérêt du gouvernement est d'exécuter fidèlement la Charte, qu'il faut balancer, par un pouvoir qui doit rester dans les mains des ministres du prince, un pouvoir qui est remis dans celles des citoyens.

Les journaux sont des tribunes, mais les théâtres en sont d'autres encore plus influentes. Qui empêche de traduire les folies et les erreurs devant la risée et l'indignation du peuple? Qui empêche d'éclairer son bon sens, de former ses mœurs publiques, d'éveiller son patriotisme ? Il faudrait que le pouvoir se fût montré bien maladroit et bien hostile, pour qu'il ne pût trouver, dans le besoin, un homme d'esprit pour interprète, et des hommes de conscience pour échos.

Si les théâtres n'existaient pas et qu'on voulût les inventer, il y aurait certes beaucoup à dire, et pour et contre ces créations dramatiques; mais ils existent, et par cela même qu'ils existent dans un siècle tel que le nôtre, ils sont impérissables. La prospérité ou la décadence des théâtres n'ont donc pu jamais devenir que des propositions incidentes, ne décidant jamais rien sur le fonds de la question et ne pouvant rien décider.

Il n'y avait qu'une manière large et vraie d'envisager cette conséquence et ce produit de notre civilisation; c'était de les accepter de bonne grâce, avec la volonté et le pouvoir (cela va sans dire) d'en diriger l'essor, d'en utiliser l'influence.

Au lieu de cette sévérité puérile, de cette persécution maladroite, qui donnent de l'importance à un couplet, de l'esprit au plus mauvais auteur, de l'influence au moindre journaliste, et à tous une allure de courage et d'opposition qui plaît toujours à la multitude et ne sert que trop facilement à ajouter une branche au faisceau de ses antipathies et de ses résistances, il faut se montrer comme un soutien; il faut en un mot proté-ger et non combattre; car, de quelque manière qu'on s'y prenne, il y a toujours une sorte d'inégaîté dans le combat et il n'existe que suprématie dans la protection.

On n'a pas encore compris les théâtres en France; c'est avoir une vue bien courte que de ne les regarder que comme un objet de spéculation pour les uns et de divertissement pour les autres.

Et qu'on ne croie pas que la décadence des théâtres n'ait pas influé sur le succès des journaux! Sous le despotisme de l'empire, où il n'existait pas de journaux libres, les théâtres, mal régis et constitués comme nous les avons connus, étaient très-suivis. Comment veut-on que le public s'occupe aujourd'hui de pièces étranglées par la censure, quand tous les matins les journaux lui donnent des drames fortement conçus et pleins d'intérêt?

Les théâtres de Paris ne sont pas ce qu'ils pourraient devenir; ceux des départemens sont le contraire de ce qu'ils devraient être. Aussi, dans beaucoup de villes du second ordre et même dans quelques-unes de nos premières cités, des banqueroutes fréquentes, en compromettant les intérêts d'un grand nombre d'individus, sont-elles venues attester et l'incurie qui a présidé aux choix des directeurs privilégiés et la fausse route qui a été indiquée à ces créatures d'une faveur souvent aussi aveugle qu'obscure.

Abolir les théâtres est une chose impossible, on l'a déjà dit. Les avilir n'est donc pas le moyen de les anéantir, c'est celui de les rendre dangereux, d'utiles et profitables qu'ils devraient être.

Les théâtres étouffés ont jeté dans les journaux des hommes qui, habitués à calculer les effets des passions, ont revêtu la politique de formes dramatiques ; et le pouvoir n'a peut-être à s'en prendre qu'à lui-même si certains personnages, qui le gênent et l'intimident, ne sont pas demeurés des littérateurs distingués, mais inoffensifs.

En soutenant les théâtres des départemens, en récompensant les hommes de lettres et les artistes qui s'y trouvent, on féconderait partout les talens et l'on rendrait en outre, politiquement parlant, d'immenses services, Paris, cet Eldorado des jouissances et des grandeurs, Paris ne serait plus tout. Bien certaine enfin de se faire jour si elle avait du talent, la population effervescente des départemens, conservant les utiles entraves des liens de famille, de voisinage et d'enfance, n'étant plus d'ailleurs tourmentée de désirs immodérés, finirait insensiblement par prendre le parti de s'illustrer chez elle et au profit de sa province. Alors les départemens ne se verraient plus privés de leurs plus nobles fils ; tout ne s'engloutirait point dans Paris, et la France ne présenterait plus le hideux tableau d'un corps dont les membres rachitiques ne peuvent supporter la monstrueuse tête.

Pour ramener les théâtres à leur véritable but politique, et leur laisser accomplir glorieusement

leur but littéraire, il faut en faire une administration compacte dont les plans pourront être suivis
d'un bout de la France à l'autre.

Tous les théâtres du royaume doivent donc être
réunis sous la même autorité. Le titre de surintendant des théâtres et des arts conviendrait
peut-être; mais à qui doit appartenir ce titre? il
est en-dehors et au-dessous des attributions toutes
politiques du Ministère de l'intérieur; mais il est
au-dessus des fonctions qui sont remplies dans ce
ministère par des administrateurs en sous-ordre.
Le surintendant des théâtres et des arts, appelé
par sa place à répandre au nom du Roi les récompenses et les bienfaits sur les classes les plus éclai-
rées de ses sujets, doit être admis à l'honneur de
soumettre directement ses travaux à Sa Majesté.

Puisqu'une protection éclairée, accordée aux
arts et aux lettres, a toujours été glorieuse, il est
juste que cette noble moisson appartienne au
Roi, et qu'elle soit recueillie en son nom par le
ministère le plus spécialement attaché à sa personne.

Les hommes de lettres, les savans, les artistes
aimeront en outre à recevoir directement du
prince les récompenses qu'ils auront pu méri-
ter. Ils porteront dans la société l'expression de
leur reconnaissance et l'influence de leurs opinions. Ils s'habitueront et habitueront la nation
à ne pas attendre du hasard des combinaisons
politiques, un protecteur qu'ils trouveront inces-

samment dans le prince et non accidentellement dans le ministre.

Il y a plus que des inconvéniens à ce que les théâtres royaux soient sous une autorité, et les petits théâtres sous une autre. N'a-t-on pas vu dernièrement les petits théâtres, qui dépendent du ministère de l'intérieur, refuser de payer à l'Académie royale de musique, qui est dans les attributions de la maison du Roi, le droit du vingtième établi à son profit (1)? et cependant, les priviléges des petits théâtres n'ont été accordés qu'à certaines conditions; et cependant, l'obtention de ces priviléges n'a presque jamais été une récompense méritée, mais une faveur bien gratuite.

S'il existe des obstacles qui empêchent de placer les petits théâtres sous l'autorité qui régit les grands, il faut espérer qu'il n'en existera pas qui défendent de réunir les grands sous le pouvoir qui gouverne les petits. Dans le second cas, les choses n'iraient pas à beaucoup près aussi bien sans doute, mais elles marcheraient infiniment mieux qu'avec le système actuel de partage.

## DU NOMBRE DES THÉATRES.

Beaucoup de gens soutiennent qu'il n'y a pas

---

(1) Les tribunaux ont fait justice de cette étrange prétention.

assez de théâtres; d'autres prétendent qu'il y en a trop. Cette dernière opinion est même assez universellement adoptée. On l'a reçue, il est vrai, sans trop réfléchir, ainsi que cela se pratique ordinairement de toutes les opinions reçues, non parce qu'elles sont sages et bonnes, mais parce qu'il s'est rencontré un ou plusieurs individus qui ont osé les émettre avec une certaine assurance.

Il serait assez difficile dans ce moment de juger s'il y a trop ou pas assez de théâtres, mais il existe un moyen bien simple de savoir au juste à quoi s'en tenir. Qu'on laisse à chacun la liberté d'ouvrir un théâtre; il y en aura beaucoup trop sans doute d'ici à deux ou trois ans; mais peu à peu ceux qui seront au-delà de la proportion des besoins tomberont, et l'on arrivera au nombre nécessaire, avec cet avantage que les entreprises mal dirigées, c'est-à-dire conduites sans ordre, sans activité, en ignorance des goûts du public, et, mépris des droits des gens de lettres et des artistes, périront d'un juste trépas.

La liberté d'établir un spectacle quelconque encouragera l'industrie et les talens, et tournera au profit des théâtres royaux, qui, comme théâtres royaux, ont droit à une juste prime sur tout spectacle existant, ou sur tout spectacle à établir.

Il est inutile de défendre ici les droits des théâtres royaux, ces droits tiennent à la gloire de notre scène, gloire incontestée en Europe, qui n'a coûtée ni larmes ni sang pour fonder son empire, et dont l'éclat a créé pour nous, dans le monde civilisé, la plus noble prépondérance.

## DES THÉATRES ROYAUX.

Vouloir que les théâtres royaux soient ce qu'ils devraient être avec l'Académie royale de Musique, le Théâtre-Français et l'Odéon, sous l'administration des beaux-arts, puis l'Opéra-Comique sous celle d'un premier gentilhomme de la Chambre, ce serait vouloir faire courir un cheval qui n'aurait que trois jambes.

Si tous les théâtres royaux étaient, comme ils devraient l'être, dans la même main, les arts et le trésor du Roi s'en trouveraient mieux ; l'on ne verrait plus alors le théâtre de l'Opéra-Comique s'efforcer de paralyser le succès obtenu par le Théâtre-Français ou l'Académie royale de Musique, *et vice versa*. En définitive, c'est la caisse de la Maison du Roi qui paie toujours les frais de ces guerres dramatiques.

Les théâtres royaux formant une administration homogène, les représentations de ces théâtres gagneraient plus de pompe ; les artistes confondant leurs intérêts, mêleraient leurs talens ; les genres s'agrandiraient ; les succès de gloire et de fortune, ne seraient plus si rares, et les théâtres secondaires, qui ne pourraient avoir ni les mêmes ressources ni les mêmes avantages, cesseraient d'établir des rivalités dangereuses.

On a décidé qu'il fallait absolument des subventions aux théâtres royaux, et comme cet espèce d'axiôme tranchait la question, on s'est épargné la peine de la discuter, de l'éclairer. On a demandé et l'on a reçu, c'était le plus court. Il eut été peut-être un peu plus long, mais il eut été sans doute beaucoup plus sage de calculer les ressources des théâtres royaux et de les apprécier. Cet examen, en définitive, n'aurait jamais privé ces établissemens des secours qui, de tout temps, leur ont été prodigués par la munificence de nos Rois.

Il est juste que les théâtres royaux, qui sont les piédestaux de la gloire littéraire de la nation, soient privilégiés.

Leurs priviléges devraient être :

1° Prélèvement journalier (dont la quotité serait déterminée) sur tous les théâtres secondaires établis ou à établir dans le département de la Seine;

2° Le produit de l'impôt du timbre sur les journaux politiques, le pot-de-vin que devraient payer les nouveaux journaux politiques qui s'établiraient, la redevance qui remplacerait le timbre des journaux littéraires (1);

---

(1) Il a été dit à l'article *cautionnement* des journaux que l'impôt sur le timbre, le pot-de-vin des journaux nouveaux et la redevance des journaux littéraires seraient autant dans les intérêts des savans, des

3° Les subventions royales auxquelles il ne faudrait avoir recours que dans le cas où les premières ressources seraient insuffisantes.

Les subventions royales ne doivent point être réparties, *tant* pour l'Opéra, *tant* pour les Français, *tant* pour l'Opéra-Comique, et ainsi de suite, mais bien *tant* pour les théâtres royaux, et encore, il n'est pas dit que les théâtres royaux doivent consommer tous les ans la totalité des sommes que la générosité du Roi leur alloue. Les plus nécessiteux doivent avoir d'avantage, pourvu d'ailleurs qu'ils le méritent par leurs travaux et leurs talens.

L'Odéon et le Théâtre-Italien ont de tout temps coûté beaucoup à la Liste-Civile. Il serait sage d'abandonner le Théâtre-Italien, qui deviendrait alors, italien, anglais, allemand, espagnol, tout ce que son entrepreneur voudrait, moyennant le loyer de la salle et un droit sur les recettes. Quant à l'Odéon, on ferait peut-être bien d'en agir de même à son égard, ou d'en faire une succursale des théâtres royaux, où les pensionnaires et aussi les premiers sujets de ces théâtres viendraient jouer alternativement tous les soirs.

Mais ce qui vaudrait encore mieux que tous les moyens que l'on vient de signaler, ce serait de

---

artistes et des littérateurs, que dans celui des théâtres royaux. Il doit être aussi bien entendu que chaque département toucherait, au profit de ses théâtres et de ses hommes de mérite, les différens produits signalés ci-dessus.

porter la coignée réformatrice dans les souches des vieux abus.

Comme on s'est aperçu que les théâtres royaux, l'Opéra principalement, ne pouvaient marcher avec deux ou trois chefs, on en a mis quatre, cinq, six, à l'infini. Il n'en fallait qu'un. On a eu de mauvais administrateurs, de mauvais directeurs, de mauvais régisseurs-généraux. On s'en est débarrassé, à la vérité, mais avec des pensions de 2, 3 et 4,000 f., et cela au bout de deux et trois ans seulement de services inutiles ou funestes.

Des pensions aussi facilement acquises absorbent injustement les ressources des théâtres royaux. Leur abolition serait presque une bonne action. A coup sûr ce serait une mesure utile.

Au lieu de voir souvent à la tête de nos grands théâtres des hommes parvenus par l'intrigue et arrivés à leurs places sans connaissances spéciales, que ne forme-t-on, de longue main, des administrateurs habiles et dévoués.

Chaque directeur, choisi parmi les hommes de mérite attachés depuis long-temps à la surintendance des théâtres, devrait être en même-temps inspecteur de ce département. Chaque régisseur-général, directeur de la scène, premier chef du chant, premier maître de ballet, deviendrait sous-inspecteur. On obtiendrait ainsi économie de six places sur douze. On formerait ainsi, auprès de la surintendance des théâtres, un conseil dramatique compétent. Les inspecteurs-directeurs ne resteraient qu'un an à la tête du même théâtre ; ils deviendraient par ces mutations capables de diriger tous les théâtres royaux, et ne pourraient jamais abuser de leur pouvoir, ayant à craindre dans leur successeur un critique et un juge.

Toutes les mesures générales seraient prises en conseil d'administration, composé de tous les inspecteurs-directeurs, de tous les sous-inspecteurs-régisseurs généraux, et présidée par le surintendant des théâtres.

Il y aurait alors union, économie de temps, d'hommes et d'argent (1).

## DES THÉATRES SECONDAIRES
### ET DE LEURS PRIVILÉGES.

Les théâtres secondaires ne peuvent rester, sans danger pour l'art et les théâtres royaux, indépendans de l'autorité qui administrera ces derniers. On en a vu depuis peu un exemple (2) ;

---

(1) On doit à la vérité de déclarer ici que l'Opéra et le **Théâtre-Français** ont été beaucoup plus exempts de fautes que l'Opéra-Comique. Des économies ont été introduites dans le système du premier de ces théâtres ; l'autre a été dirigé avec autant de sagesse que le permettait sa constitution encore vicieuse. On a pû reprocher des erreurs à M. le vicomte de la Rochefoucault, il eut peut-être été plus impartial, vu l'impossibilité où il s'est trouvé de faire le bien, de lui tenir compte de n'avoir pas plus souvent permis ce qui ne l'était pas ; mais amis et ennemis, tous sont d'accord sur ses honorables intentions et sur l'intégrité de son administration.

(2) Le refus des théâtres secondaires de payer à l'Opéra le droit du vingtième.

on en verra d'autres encore avant qu'il soit long-
temps.

Si les théâtres secondaires ne deviennent pas
libres en ce sens, qu'il sera permis à chacun d'en
établir un nouveau, il serait au moins bien à
désirer :

1° Que les concessions de priviléges ne pussent
être accordées qu'à des hommes de lettres, à des
artistes, et en récompense de services rendus;

2° Que les priviléges, après expiration, ne fus-
sent jamais continués aux mêmes personnes.

3° Que dans aucun cas il ne pût être fait ces-
sion ni trafic de ces faveurs.

S'il n'est besoin ni de titres, ni de services pour
obtenir des priviléges, à quoi bon les donner; il
faut les vendre.

Si les concessions de priviléges sont renouve-
lées, on payera deux fois le même service, et l'on
ne récompensera qu'un seul individu.

Si l'on permet enfin les ventes et cessions de
priviléges, où sont les garanties? De deux choses
l'une : ou la direction vendue est bonne ou elle
est mauvaise; si elle est bonne, pourquoi consen-
tir à perdre un habile administrateur? si elle est
mauvaise, pourquoi permettre que l'incapacité
négocie sur place la faveur que l'autorité trompée
a cru accorder au mérite?

Les théâtres secondaires ne doivent exister que
dans l'intérêt des théâtres royaux et dans le but
politique d'améliorer les mœurs populaires, et de

donner des moyens légitimes d'influence au gouvernement. Ces deux grandes bases sont les conditions tacites des priviléges de ces entreprises
dramatiques, elles devraient être les conditions
avouées de leur existence indépendante.

## RÉSUMÉ.

Les journaux et les théâtres étant les deux
grands moyens d'éclairer les masses, ne doivent
jamais être envisagés séparément. A côté de la ré-
publique des journaux, il faut la monarchie ab-
solue des théâtres, monarchie tempérée d'ailleurs
par la crainte du ridicule et par l'amour de là
gloire.

Mais si, à côté de la liberté vigoureuse des journaux, l'on n'établit qu'un faible pouvoir dramatique, l'équilibre sera rompu.

Les hommes des temps modernes veulent la
liberté; les arts, sous tous les âges, ont grandi à
l'ombre d'un pouvoir fortement constitué. Les
intérêts positifs disent: est-ce juste? les passions
s'écrient: est-ce beau?

Ainsi donc, pour que les théâtres deviennent
entre les mains du pouvoir une compensation
suffisante de l'indépendance des journaux, il faut
qu'ils soient, ainsi que tout ce qui concerne la
littérature et les arts, organisés sous un chef uni-
que, dont ces objets importans seront la princi-

pale, la seule affaire (1). Alors, cette opinion dont le pouvoir eut si souvent à se plaindre, cette opinion qui n'est souvent que l'orgueil ou la vanité d'une nation, cette opinion noblement flattée dans ses organes les plus sensibles, dépouillera ses inquiétudes et ses méfiances; alors seulement on s'apercevra qu'il est plus facile de gouverner les hommes avec l'élastique influence des passions, qu'avec l'inflexibilité d'une loi.

---

(1) Que d'utiles améliorations, que de nobles pensées ont été négligées ou abandonnées parce que personne ne se trouvait spécialement chargé de les introduire, de les mettre en pratique. Si la surintendance des arts et des théâtres eût existé, la propriété littéraire ne serait plus une question à débattre, et les descendans des grands hommes sauraient où trouver du pain.